Elogios para
"EL LEÓN QUE SE ACOBARDA"

"El león que se acobardó" es una historia absorbente y que invita a la reflexión de como vivir con los demás de forma productiva, considerada y creativa. Selter pinta un cuadro amable pero dinámico del joven Barrabou, el heredero de la manada de leones, que, a través de una serie de aventuras, se prepara para liderar su propia manada. En el proceso, descubre principios esenciales para liderar y llevarse bien con los demás con armonía y cooperación. Las lecciones que enuncia con claridad Barrabou, son para todos nosotros.

Los jóvenes que se encuentran en el umbral de la edad adulta encontrarán especialmente inspiradora la historia metafórica de Barrabou y sus lecciones son un modelo para una vida satisfactoria, impactante y de colaboración."

Noelle Sterne, doctora, ensayista, novelista, poetisa, editora académica y general

"La historia de Barrabou de Jed Selter en El león que se acobardó habla de los retos y éxitos de un joven león que alcanza la mayoría de edad. A lo largo de la historia, he reflexionado sobre las lecciones que nuestra familia ha legado a mis hijos, al igual que se enseñó a Barrabou, sobre el amor, el respeto y el coraje para defender sus creencias. En el viaje de Barrabou, la empatía y la honestidad estaban en el centro de sus relaciones, lecciones de vida que le servirán al comenzar su nueva manada".

Sheila Walters, licenciada en educación/asesoramiento, consejera jubilada de escuela secundaria/ jefe de departamento

"Jed Selter ha creado un libro reflexivo que puede ser una valiosa herramienta para fomentar las relaciones interpersonales positivas entre los niños y pre-adolescentes. Las lecciones que aprende el cachorro de león son valiosas lecciones de vida para todos nosotros y una guía útil de discusión proporcionando una herramienta para compartir ese conocimiento con los jóvenes. Los líderes scouts, los asesores de líderes juveniles, profesores y otras personas que tienen contacto regular con los jóvenes deberían considerar el uso de este libro en grupos de trabajo".

Susan Syrcle, Licenciada en Psicología/Sociología, Licenciada en Educación Primaria, Máster en Educación

"Como muchos, he sido testigo y he experimentado los dos estilos básicos de liderazgo: el de arriba hacia abajo, de mando y control, frente al enfoque más participativo y orientado al trabajo en equipo. En este libro, a través de los ojos del cachorro de león Barrabou, se ve como observa y luego compara y contrasta los dos estilos. Con delicadeza y reflexión, el autor consigue captar un amplio espectro de experiencias vitales en las que se aplican las lecciones,-- desde niños jugando hasta adultos que trabajan en equipo".

Gaston Peter-Contesse, CPA, MBA, director financiero de Kitsap Physical Therapy & Sports Clinics

"Este libro ha conseguido hacerme regresar a mi alma de niño como ser humano, en constante aprendizaje, cuando ya soy marido, padre y amigo. Jed me ha dado lecciones de vida para reflexionar, practicar y archivar para cuando las necesite para recordarme lo que es verdaderamente importante mientras "crezco". Si hubiera leído este libro en mis años de juventud, me habría ayudado a entender mejor la vida que me rodea y a guiarme en los momentos difíciles que experimenté... que todos tenemos y tendremos. Recomiendo encarecidamente esta sencilla "historia de vida" y sus mensajes a cualquiera que siga buscando un momento "ah-ha" de claridad y comprensión". Es un excelente manual para que los jóvenes lo tengan en cuenta y beneficioso para las relaciones personales y empresariales de los adultos".

Tim Meuret, Director de Instalaciones y Proyectos TI (r), Boeing

"Al leer este libro, me encontré en un nuevo lugar como el abuelo que quiere hablar con sus nietos o hacer que lean esto y luego hablar con ellos sobre ello. Ese es un lugar nuevo para mí. He sido bendecido con algunas personas en mi vida que sostienen la vida de una manera única y se toman el tiempo para documentar las experiencias de una manera que crea pasión y dirección hacia el "Bien Mayor". El propósito de mi querido amigo Jed Selter es de tejer el hilo de la trama, contar las historias como debería hacerlo un anciano de la tribu para que todos las aprecien. Este libro es un capítulo más de su vida para apreciar".

Dennis M. Broughton, Exec. Director (Ret.), Boeing; Propietario de Fusion Strategies Consulting

"¡Me ha encantado su historia! El león que se acobardó es como una moderna fábula de Esopo. Se lee con facilidad y tiene un toque de aventura, romance y lecciones que invitan a la reflexión. Creo que es políticamente oportuno, ya que muchos de nosotros estamos sufriendo por encontrar formas de comunicarnos mejor con nuestras familias, amigos y conocidos que tienen puntos de vista opuestos sobre las filosofías políticas."

Carol Collins, ex profesora de 6º grado

EL LEÓN QUE SE ACOBARDÓ

EL CACHORRO QUE SERÍA REY

Jed Selter

El león que se acobardó
Primera edición, publicada en 2022

Por Jed Selter
Ilustraciones de Abby Stoffel

Copyright © 2021, Jed Selter

Rústica ISBN-13: 978-1-952685-42-2
Tapa dura ISBN-13: 978-1-952685-43-9

Todos los derechos reservados. Ninguna parte de este libro puede ser reproducida o transmitida en cualquier forma o por cualquier medio, electrónico o mecánico, incluyendo fotocopia, grabación o por cualquier sistema de almacenamiento y recuperación de información, sin el permiso escrito del autor, excepto para la inclusión de breves citas en una reseña.

012022
150-10 9 8 7 6 5 4 3 2 1

Publicado por Kitsap Publishing
P.O. Box 572
Poulsbo, WA 98370
www.KitsapPublishing.com

RECONOCIMIENTO

Mi más sincero reconocimiento y agradecimiento a las personas que han colaborado en este proyecto, mi esposa Darla, mi hermana Noelle, mi editor Ingemar Anderson y amigos cercanos que se tomaron el tiempo de leer y comentar el manuscrito.

Un agradecimiento especial a Abby Stoffel, que ha ilustrado el libro. Las interpretaciones increíblemente sensibles de Abby en sus coloridas ilustraciones ayudaron a que la historia cobrara vida.

Contenido
Contents

Agradecimientos — i
Introducción — v
Prólogo — vii
Sinopsis — ix

La historia

Entorno: En el bosque de Gir — x
Capítulo 1 — Primer vistazo — 1
Capítulo 2 — Despertar — 7
Capítulo 3 — Controlar a través del miedo — 11
Capítulo 4 — Reflexión sobre el miedo — 15
Capítulo 5 — No pasa nada por estremecerse — 21
Capítulo 6 — La destructividad de la competencia — 31
Capítulo 7 — Por el bien de todos — 38
Capítulo 8 — Seguir adelante — 47

Guía de debate

Guía para los capítulos 1-4 — 56
Guía para el capítulo 5 — 63

Guía para el capítulo 6	72
Guía para el capítulo 7	80
Espíritu del León - Lección 4	81
Introspección	82
Diálogo con los cachorros	87
Sobre el autor	89

Introducción

Este libro trata sobre aspectos básicos que ayudan a vivir la vida de forma más plena. Es acerca de la comprensión del "yo", la concentración en el Bien Mayor y el uso de herramientas para minimizar la ansiedad.

A través de la historia de la creciente comprensión de Barrabou, un cachorro de león macho, más pequeño que el promedio, en el bosque de Gir de la India, el libro nos invita a considerar cómo manejarnos; cómo desarrollar relaciones positivas y duraderas; cómo construir y cimentar la confianza y el respeto con los demás; y cómo liderar con eficacia. Utilizando los principios enseñados por su sabio abuelo, Barrabou se convierte en un joven líder maduro, compasivo y fuerte.

He escrito este libro para que sea beneficioso para adultos y adolescentes. Espero que ayude a las personas a tomar decisiones conscientes sobre cómo vivir de forma fructífera y ser más felices al obtener sus logros.

La mayoría de los capítulos concluyen con una "Lección del Espíritu del León", que reitera la premisa central del capítulo. En la Guía de Discusión para Adultos y Adolescentes, cada "Lección" va seguida de una breve hoja de trabajo de "Introspección" para que los adultos la utilicen al aplicar ellos mismos las lecciones.

Cada Introspección va seguida de una hoja de trabajo de "Diálogo con los Cachorros" para ayudar a los adultos a relacionarse con otros sobre el tema del capítulo. Con las hojas de trabajo del capítulo como guías, maestros, padres, mentores, líderes y otros pueden iniciar diálogos para interiorizar las herramientas para vivir sus vidas con estilo y paz mental.

Incluso sin la guía de discusión, los mensajes del libro son aplicables en nuestra vida diaria y pueden ayudar en la forma en que nos comportamos e interactuamos con los demás.

En la redacción de este libro no se han dañado ni domesticado animales salvajes.

Jed Selter

P.D.: Donaré una parte importante de los ingresos de las ventas del libro a organizaciones sin fines de lucro que beneficien a los niños.

Prólogo

Este libro habla de los principios de gestión y liderazgo de uno mismo y de la organización en un entorno de vida silvestre colorido e intrigante. Puede ayudar a las personas a ser más conscientes de sí mismas para tener éxito en su vida personal y en su carrera.

El libro está dedicado a la fuerza y el poder del espíritu humano.

Con un enfoque más allá de nosotros mismos para hacer todo el Bien que podamos para todos, nuestro futuro colectivo no tiene límites en esperanza, amor y éxito para toda la humanidad.

El libro refleja los principios desarrollados y enseñados por el autor, Jed Selter, a través de la antigua J.S. Associates, Inc., fundada y dirigida por el.

Sinopsis

A través de observaciones en la manada de su padre, con los consejos de su abuelo y con las introspecciones sobre la vida en la naturaleza, un cachorro de león que va madurando, aprende las lecciones para manejar el miedo, la comprensión de si mismo, las relaciones, el respeto a los demás y el liderazgo de servicio.

La historia va acompañada de una guía de debate para adultos y adolescentes, que amplía la información sobre los principios descritos en la historia. Los adultos son guiados a través de una serie de preguntas retóricas y ejercicios en preparación para las discusiones guiadas con los adolescentes.

El libro está dirigido a adolescentes y adultos.

Entorno: En el bosque de Gir

En la costa occidental de la India, a lo largo del Mar Arábigo, se encuentra el estado peninsular indio de Gujarat. En la península de Saurashtra de Gujarat se encuentra el Parque Nacional de Gir. El Parque Gir es un bosque caducifolio mixto con teca, llama del bosque, acacia e higueras de Bengala. Es montañoso y tiene muchos ríos. El parque está aproximadamente a cuarenta millas de Junagadh y a veinte millas de Verawal.

El Bosque es un santuario de ciento dieciséis millas cuadradas creado para proteger la última población salvaje de leones fuera de África. El parque es un refugio para unos trescientos leones asiáticos.

En el centro de la reserva vive una de las mayores manadas de leones de la India. Rantour, el rey de la manada, y su leona, Aleyma, han gobernado y dirigido esta manada durante muchos años.

(Fuente: Google Maps)

Capítulo 1
Primer vistazo

Aleyma, que se está haciendo mayor para tener crías, estaba embarazada de otro cachorro. Esta sería la quinta cría de Aleyma. Las cuatro crías anteriores eran hembras sanas.

Rantour y Aleyma estaban tremendamente orgullosos de sus jóvenes leonas. Ya de adolescentes, las chicas habían aprendido rápidamente el arte del acecho y la caza, y cada una por su cuenta había desarrollado una reputación de ser una cazadora excepcional. Gran parte de lo que habían aprendido era de Aleyma, por lo que estaba doblemente orgullosa de sus progresos y logros.

Si esta cría es una niña, la querrán como a las demás, pero un macho completaría la familia.

Aunque nunca se lo mencionó a Aleyma, era evidente que Rantour, como rey de la manada, sentía la presión de tener un cachorro macho.

A pesar de lo bien considerados y queridos que eran sus cachorros de leona, Rantour siempre escuchaba los chismes entre los otros leones. El sabía que bromeaban a sus espaldas que su "poderoso rey" no podía engendrar un heredero macho.

Rantour sentía la presión de tener un hijo del que pudiera presumir delante de los demás machos de la manada. También quería entrenar y preparar a un joven macho robusto para que fuera tan temible como él y que un día gobernara su manada de leones como el feroz rey que era Rantour. Así que, cuando se acercaba el momento de Aleyma, Rantour esperaba nervioso el nacimiento.

Creyendo que este cachorro sería el último de Aleyma, el padre de Rantour, Morinour, que era rey de otra manada, viajó los cincuenta kilómetros desde donde se encontreaba su manada para presenciar el nacimiento.

Al igual que en sus cuatro partos anteriores, Aleyma podía sentir que su momento se acercaba. Con una leve inclinación de cabeza hacia Rantour, se dirigió lentamente a la hondonada de hierba en las afueras de la aldea de la manada donde había dado a luz a sus otros cachorros, que ahora ya eran jovencitas.

Aleyma se acomodó suavemente en la suave hierba con la espalda firmemente apoyada en la gran roca plana y fresca. Rantour y Morinour se acostaron frente a ella para vigilarla y atenderla. Le llevaban periódicamente comida y agua y estaban dispuestos a atender todas sus necesidades. La calmaron con una conversación tranquila y bromearon sobre las grandes cosas por las cuales esta cría sería conocida en la tradición de los leones indios.

Tras un día y medio de espera, Aleyma parecía estar preparándose. Sus contracciones eran cada vez más fuertes y constantes, lo que le hizo pensar que el parto se produciría en cualquier momento. Y tenía razón.

En la madrugada del segundo día, al comienzo del amanecer, en el rocío de la mañana, Aleyma dio a luz, casi sin dolor, a un cachorro. Rantour y Morinour observaban, esperando que su última cría fuera una quinta hembra. Pero, para su gran alegría, este cachorro era un macho. Ambos leones se pavonearon, rugiendo a pleno pulmón, anunciando a todos que había nacido un cachorro macho para el rey y su leona.

El pequeño cachorro recién nacido respiró con fuerza por primera vez en su nueva vida. Se retorció y se estiró en la hierba para sacudirse el tiempo que había pasado en el vientre materno y comenzar su viaje en el mundo. El cachorro recién nacido abrió los ojos por primera vez, parpadeando con fuerza varias veces. Mientras el cachorro se adormecía, Aleyma con gran orgullo le acarició con su hocico el costado de la cara.

Rantour se situó junto a él y le lamió suavemente el pelaje hasta dejarlo brillante. Morinour miraba con gran orgullo a su hijo rey león y al nuevo cachorro.

Mientras Rantour y Morinour "inspeccionaban" a este pequeño, ambos se sintieron emocionados de tener un cachorro macho para continuar con su linaje familiar. Sin embargo, cada uno de ellos se mostró preocupado por el recién nacido. Vieron inmediatamente que este cachorro era diferente de los otros cachorros nacidos en la manada. Más pequeño que el promedio, parecía más frágil que la mayoría de los cachorros machos.

Era obvio, tanto para Rantour como para Morinour, que éste requeriría cuidados especiales. Rantour miró de cerca a su hijo recién nacido y se dijo: "No tiene mal aspecto. Tiene ojos grandes y brillantes y parece inteligente como sus hermanas. Pero, como es más frágil que la mayoría, tendré que enseñarle a ser el más feroz de los leones, para que pueda sobrevivir y controlar a los que le rodean para convertirse en el rey de su propia manada algún día. Le enseñaré a infundir miedo a todos los demás leones, como hago yo, para que no haya duda de que él también es un rey".

Morinour caminó lentamente alrededor del recién nacido. Lo miró detenidamente y se dijo: "Es un pequeño hermoso. Tiene ojos grandes y brillantes y parece inteligente como sus hermanas. Pero como es más frágil que la mayoría, me quedaré cerca de este pequeño y le enseñaré a ser un líder entre los leones, a atraer a los demás para que le sigan por confianza y respeto. Se convertirá en un legendario rey león gracias a su elegante determinación y a su cuidado de los demás".

Y así, un nuevo cachorro vino a abrirse camino en el bosque de Gir. Era la continuación del ciclo de la vida en la naturaleza que se ha desarrollado durante miles de años.

Remontándose a cuatro generaciones, decidieron ponerle el nombre de sus antepasados. Venerados por su sabiduría como líderes, eran conocidos como "Baras".

Así que llamaron al cachorro Barrabou.

Aunque los adultos no lo sabían, este cachorro cambiaría las costumbres del león.

Capítulo 2
Despertar

Cuando era un cachorro, Barrabou permanecía cerca de su madre. Cuando lactaba se sentía seguro acurrucándose en las concavidades de su cuerpo cálido y reconfortante. Le encantaba adormecerse, escuchando los apagados latidos de su corazón que acariciaban su pequeño cuerpo mientras se dormía contra su barriga.

Cuando Barrabou creció y se aventuró poco a poco lejos de Aleyma, se dio cuenta de que estaba bastante solo. Sólo había unos pocos cachorros en la manada e, incluyendo a sus hermanas, la mayoría eran mucho mayores que él.

Barrabou no tenía ningún cachorro macho de su edad con el cual jugar y aprender. Aunque a veces jugaba con los cachorros mayores, éstos lo dominaban fácilmente. Se sentía incómodo y lo intimidaban. Rara vez jugaba durante mucho tiempo con los otros cachorros o retozaba largamente con ellos. Eran mayores y no querían ser molestados por él. Así que Barrabou tuvo que encontrar formas de entretenerse solo.

Se convirtió en un observador. Se acostumbró a dar un paso atrás y observar las cosas. Luego, se sentaba tranquilamente y reproducía en su cabeza lo que había visto y reflexionaba sobre lo que podía aprender de aquello. Podía recordar y reproducir estas breves escenas para sí mismo cuando quisiera. Hizo de la reproducción de las escenas un juego privado en el que reflexionaba profundamente sobre ellas. Reproducía una escena a cámara lenta y luego la paraba, haciéndose preguntas para ver cuánto había observado.

Cada vez más, Barrabou empezó a disfrutar de este juego en su cabeza. Cuanto más se quedaba solo, más se distanciaba de los otros cachorros. Estos percibieron su deseo de estar solo y acabaron por ignorarlo y dejarlo solo, con una excepción.

Era una cachorra de su edad. Al igual que Barrabou, era brillante y observadora. Tenía un hermoso rostro con grandes y brillantes ojos marrones y una atractiva sonrisa. Hija de una de las mejores amigas de Aleyma, se llamaba Lucindra, pero todos la llamaban Lucy.

Los dos cachorros se hicieron rápidamente amigos y confidentes. Barrabou le contaba a Lucy sus observaciones y reflexiones, y a veces discutían largamente sobre ellas. Lucy era una maravillosa caja de resonancia para Barrabou, ya que le hacía preguntas y le ayudaba a reflexionar sobre sus pensamientos y conclusiones.

Aunque Rantour veía que Barrabou pasaba mucho tiempo con Lucy, se dio cuenta de la reticencia de Barrabou a unirse a los cachorros mayores. Al ver el aislamiento de Barrabou, Rantour empezó a enseñarle a Barrabou cómo ser un rey antes de lo que normalmente lo habría hecho.

Así, Barrabou pasaba la mayor parte de sus horas despierto con su padre, el rey, experimentando la vida cotidiana de la manada de leones a través de los ojos de Rantour. Barrabou siguió visualizando lo que observaba con los otros leones y sus interacciones con su padre. Y siguió hablando con Lucy sobre lo que veía.

A medida que crecía, Barrabou tomaba notas mentales de lo que observaba, lo que sentía y lo que aprendía. Recopilaba y revisaba estas ideas una y otra vez en su mente. Eran tan vívidas para Barrabou que empezó a organizarlas en su cabeza como sus lecciones privadas de vida, lecciones que podía seguir en su vida.

A medida que iba formando estas lecciones, hablaba con Lucy sobre ella Durante horas intercambiaban ideas sobre el significado de sus observaciones y cómo aplicar sus ideas. Tanto Barrabou como Lucy disfrutaban mucho con estas conversaciones y siempre esperaban con impaciencia las siguientes sesiones.

Barrabou llamó a esta colección las Lecciones del Espíritu del León.

Capítulo 3
Controlar a través del miedo

Siguiendo los pasos de su padre durante todo el día, Barrabou veía a Rantour bajo dos aspectos: como su padre en casa, en la guarida familiar, y como el rey interactuando con los demás en la manada. Muy confundido, Barrabou veía a su padre como dos personalidades completamente diferentes: la que amaba en casa y la que temían los demás leones.

Cuando Rantour estaba con Aleyma y la familia, era cálido y cariñoso. Hablaba suavemente y se reía con ellos. Jugaba con ellos y los trataba con delicadeza. Cuando los regañaba, lo hacía con los ojos más suaves y siempre los acariciaba después. Incluso entonces, las reprimendas de Rantour eran suaves. Eran más bien como pequeñas lecciones y no verdaderos regaños.

Pero cuando Barrabou vio a Rantour en la manada con los otros leones, era feroz. Se molestaba y fruncía el ceño con rabia. Gritaba y rugía. Se agachaba y saltaba sobre los demás, a menudo dándoles una fuerte bofetada en la cara con la pata abierta, con las garras extendidas.

Los otros leones se acobardaban en su presencia. A Barrabou le parecía que Rantour planeaba a propósito estos arrebatos y creaba esta tensión para mantener a los otros leones desprevenidos. Les daba mordiscos sin provocación y sin previo aviso, sólo para mantenerlos desequilibrados y temerosos de él. Parecía ser la forma con la cual Rantour se aseguraba de que los demás se sometieran a sus exigencias.

A Barrabou le costó un tiempo reunir el valor necesario, pero finalmente le preguntó a su padre sobre su forma de actuar. Un día, trotando por la manada junto a Rantour, Barrabou le dijo, con toda la naturalidad posible: "Padre, me confunde tu forma de actuar". Tratando de parecer despreocupado, pero temiendo la reacción de su padre, Barrabou continuó. "¿Por qué pareces tan enfadado y eres tan malvado con los otros leones cuando se que eres tan cálido y cariñoso en casa?"

Rantour se detuvo en seco y se dio la vuelta para mirar a Barrabou. Barrabou se asustó al instante. Se quedó inmóvil, mirando a su padre.

En un susurro gutural suave pero enfático, Rantour le ordenó: "Barrabou, sígueme a la cueva que hay en las afueras de la aldea". Luego, Rantour se dio la vuelta y caminó rápidamente hacia la cueva, al oeste de la aldea. Barrabou siguió a su padre tan rápido como pudo.

Cuando llegaron, Rantour hizo un gesto con la cabeza para que Barrabou se sentara en la entrada de la cueva. Cuando Barrabou lo hizo, Rantour se situó directamente sobre Barrabou en una posición de absoluto dominio. Entonces, Rantour arqueó los hombros y se agachó, de modo que quedó frente a frente con Barrabou. Miró fijamente a Barrabou enseñando los dientes y resopló con fuerza varias veces. Estaba tan cerca que la humedad de sus fosas nasales creaba una manta fría y húmeda en el hocico de Barrabou. Barrabou temió por su vida.

Tuvo que recordarse a sí mismo, casi en voz alta, que este era su cariñoso padre y que el nunca le haría daño a Barrabou.

Rantour habló. "Hijo mío, algún día estarás en mi lugar. Para ser rey, necesitarás ser feroz, como lo soy yo. Para mantenerte en el poder, siempre tendrás que infundir miedo a los demás". Rantour hizo una pausa y luego continuó. "Si hiciera lo contrario, los otros leones lo interpretarían como debilidad, y no me respetarían. Dejaría de ser Rey".

Barrabou se quedó inmóvil, sorprendido.

Rantour bajó los ojos mirando al suelo, suspiró y guardó silencio. Luego levantó lentamente la cabeza y volvió a mirar fijamente a los ojos de Barrabou. Con una voz baja y monótona, Rantour dijo: "Barrabou, nunca debes mostrarte vulnerable. Mira fijamente a otros leones. Hazles sentir tu ira y tu poder. Haz que retrocedan y se acobarden en tu presencia. Nunca debes acobardarte. Si te acobardas, perderás".

Barrabou volvió a quedarse mudo de miedo. Por mucho que quisiera levantarse y correr, no podía mover un músculo. No podía responder ni replicar ni discutir. El Rey había hablado. Todo lo que el cachorro pudo decir, tratando de sonar tranquilo y fuerte, fue: "Sí, padre. Gracias, señor".

Rantour emitió un fuerte gruñido temible, que asustó aún más a Barrabou. Luego se dio la vuelta y se alejó, dejando a Barrabou temblando.

Por días después de este encuentro con su padre, Barrabou se mostró asustadizo ante Rantour. Había sentido la ira de Rantour y estaba muy preocupado por ella. Rantour actuaba como si no hubiera pasado nada, pero Barrabou mantenía su distancia.

Barrabou reprodujo repetidamente en su cabeza el "encuentro en la cueva", como lo llamaba. Pensó en cómo había actuado su padre y en lo que había dicho. Barrabou pensó en sus sentimientos y en cómo había reaccionado ante Rantour. Cada vez que pensaba en la cueva, su miedo a Rantour volvía con la misma fuerza total.

Capítulo 4
Reflexión sobre el miedo

Desde el nacimiento de Barrabou, su abuelo, Morinour, visitaba con frecuencia la manada de Rantour y Aleyma. Su razón, por supuesto, era pasar tiempo con Barrabou y guiar al joven en los caminos del león. De vez en cuando, Morinour también llevaba a Barrabou a visitar su manada.

Al visitar a su abuelo y estar con su padre, Barrabou vio que los dos reyes eran muy diferentes en sus planteamientos. Parecían casi opuestos: Rantour "gobernaba con mano de hierro"; Morinour dirigía con confianza y respeto. Barrabou también percibió que tanto el padre como el hijo sabían que estaban en polos opuestos, pero se querían y respetaban lo suficiente como para no enfrentarse nunca.

Cuando Morinour lo consideraba oportuno, hablaba con Barrabou sobre cómo vivía la vida, tal y como él la veía y experimentaba. Esperaba que algunos de sus puntos de vista equilibraran la influencia de Rantour en Barrabou. Pero Morinour se cuidaba mucho de no hablar negativamente de Rantour cuando sabía que no estaban de acuerdo. Sobre todo, no quería socavar la relación entre Barrabou y su padre. El único deseo de Morinour era dar a Barrabou formas alternativas de ver cómo hacer las cosas, para que Barrabou pudiera elegir por sí mismo cómo actuar.

Habiendo visto a Barrabou a menudo, Morinour sabía que era un observador y un pensador, así que Morinour esperaba a que Barrabou se acercara a él con una pregunta para iniciar sus conversaciones sobre la vida y cómo actuar. Cómo apreciaba Morinour los diálogos que mantenían él y su joven y brillante nieto. A menudo tenían lugar mientras los dos paseaban por la hierba alta, a pocos kilómetros de la aldea de la manada. Varias semanas después del encuentro de Barrabou con su padre en la cueva, se inició un diálogo importante durante uno de estos paseos.

Barrabou describió a su abuelo la experiencia aún inquietante con su padre. Describió vívidamente cómo la rabia y la ferocidad de Rantour le provocaban un gran temor y la ansiedad que le producían. Le dijo a su abuelo que cada vez que pensaba en la cueva, volvía a sentir miedo. Y que, por mucho que le gustara ir a la frescura de la cueva a jugar, no había vuelto desde la furia de Rantour. Barrabou le confió a su abuelo que, desde aquella experiencia, tenía miedo de su padre, aunque lo quería mucho.

Cuando terminó, en lugar de hacer una pregunta a Morinour, como solía hacer, Barrabou esperó a que éste respondiera.

Morinour pensó un momento y dijo: "Bueno, Barrabou, veamos lo que pasó en la cueva. ¿Qué hizo tu padre para que tuvieras miedo?".

Inmediatamente, Barrabou respondió: "Se agachó sobre mí, y resopló, y… y me gritó mientras hablaba. Y cuando terminó, rugió ferozmente y se alejó pisoteando como si hubiera triunfando sobre un león menor al que acababa de derrotar".

"¿Y esto te dio miedo?" preguntó Morinour.

"Sí, abuelo, ¡oh sí! Todavía lo tengo cada vez que pienso en ello", dijo Barrabou. "Incluso ahora, me siento ansioso y temeroso sólo de pensar en ello".

"¿Y por qué crees que tu padre decidió hablarte así, Barrabou?" preguntó Morinour.

Barrabou reflexionó y luego respondió: "Tal vez papá intentaba dar su opinión con el ejemplo. Se que me quiere, pero le he visto actuar con ferocidad en la manada con otros leones. Mi pregunta sobre sus diferentes comportamientos en la manada y en casa inició todo esto".

"Puede que tengas razón, Barrabou", dijo Morinour. "Tu padre podría haber estado mostrando la agresividad que utiliza para intimidar a los otros leones y cómo los controla para mantener su incuestionable autoridad. Y lo hace aún más al rugir por última vez para dar énfasis mientras se aleja".

Morinour continuó: "Estoy seguro de que tu padre se dirigió a ti de la forma en que lo hizo porque te quiere mucho, y quería que entendieras lo que le ha hecho triunfar. Quería mostrarte sus métodos para que puedas usarlos para tu éxito".

"Eso tiene sentido para mí, abuelo. El mero hecho de hablar de esto contigo me hace sentir mejor", dijo Barrabou.

"Pero abuelo", continuó Barrabou, "no me gusta que me hagan sentir miedo, y no me gusta tener que estar en guardia todo el tiempo o hacer que los demás se sientan así".

Morinour enarcó las cejas ante este comentario, mostrando su sorpresa ante la comprensión y madurez de Barrabou. Antes de volver a hablar, pensó para sí mismo: "Este joven nieto mío es realmente un león joven excepcional con conciencia de sí mismo y la capacidad de expresar sus sentimientos con tanta claridad." Dijo: "Barrabou, hablemos de eso en otro momento. Tengo algunas ideas para ti. Pero se está haciendo tarde, y no queremos que nos pillen aquí solos en la hierba alta cuando las hienas empiecen a merodear en busca de la cena".

Regresaron a la aldea de la manada justo antes del anochecer. Por primera vez en semanas, Barrabou se sintió mejor con su padre, Rantour. Su abuelo le había ayudado a explorar su miedo, y Barrabou se sentía más tranquilo y lo aceptaba. Se encontraron con Rantour cuando todos se acercaban a la guarida familiar.

Barrabou miró a su padre. Con un tono animado inusual en su voz, dijo: "Hola papá, ¿qué tal el día?". Para su sorpresa, Rantour respondió con una sonrisa y comenzó a compartir los acontecimientos del día. Barrabou sintió que su padre y él estaban reavivando su relación. Pero Barrabou también sabía que acababa de experimentar su primera Lección significativa.

Después de todo esto, Barrabou buscó a Lucy para contarle todo lo que había pasado con su padre y su conversación con su abuelo. Lucy escuchó con los ojos muy abiertos. Cuando Barrabou terminó, le dijo: "Barrabou, vaya momento que has vivido. Estoy segura de que todo lo que pasó tenía un propósito, incluida tu charla con Morinour".

Aquella noche, casi adormecido en su acogedor rincón de la guarida, Barrabou repasó la conversación con Morinour ese mismo día y su intercambio con su padre esa misma noche. Cerró los ojos y, en su cabeza, escribió su primera Lección del Espíritu del León, luego la guardó y cayó en un sueño tranquilo.

Espíritu del León
Lección 1

Comprender el miedo, pero no tenerlo

- Es sano y valioso comprender el miedo.

- En las relaciones, tener miedo es auto destructivo.

- El miedo aumenta la ansiedad y embota los sentidos. Impide observar, escuchar y pensar con claridad.

- El miedo paraliza. Arruina la confianza en las relaciones y provoca la desconexión con los demás. Puede crear desconfianza y aislamiento.

- El miedo te roba la capacidad de actuar.

- Reconoce y trabaja a través de tus miedos lo antes posible, para que puedas funcionar con todas tus capacidades y permanecer conectado con los demás en relaciones de apoyo mutuo y respetuosas.

Lucy tenía razón: había un propósito.

Capítulo 5

No pasa nada por estremecerse

Hacía varias semanas que Morinour había visto por última vez a Barrabou. Morinour volvió a cruzar la llanura para visitar a su nieto. Hizo el viaje a propósito a un ritmo tranquilo para pensar en la discusión que tendría con su nieto.

Morinour viajó varios días y noches para estar esperando en la guarida cuando Barrabou se despertara. Aunque Morinour había caminado la mayor parte de la última noche, llegó lo suficientemente temprano como para dormir un par de horas.

Se tumbó bajo el sol de la mañana cuando Barrabou, bostezando y sin estar aún despierto, se acercó a él desde la guarida. Barrabou se sorprendió pero se alegró de ver a su abuelo.

"Buenos días, abuelo", dijo Barrabou con cariño. "Me alegro de verte". Se sentó cerca de Morinour.

"Buenos días, mi nieto", respondió Morinour con una sonrisa. "He venido a visitarte". Barrabou sabía que la mayoría de las visitas de Morinour a su manada eran para estar con él, pero siempre se alegraba de oír a su abuelo decirlo.

"Barrabou", dijo Morinour, "¿recuerdas nuestra charla en la hierba alta hace unas semanas?".

"Por supuesto que sí", respondió Barrabou. "Nuestra charla me ayudó mucho. Me ayudó a pensar y a lidiar con mi miedo sobre padre".

"Bueno, yo también he estado pensando en eso. Quería continuar nuestra conversación y retomar lo que dejamos", dijo Morinour. "¿Vendrías a caminar conmigo hasta el río?"

"Barrabou asintió y dijo: "Por supuesto, abuelo".

En contraste con la zona de la aldea de la manada, de hierba baja y marrón y arbustos escasos, el río era un exuberante oasis de árboles altos y vegetación de un verde intenso. Barrabou pasó muchas horas en el río. El aire tenía un suave vaho procedente del agua que salpicaba las numerosas rocas que había en su camino. El constante gorgoteo del agua sobre las piedras tranquilizaba a Barrabou y le daba calma. Era un lugar tranquilo, un sitio excelente para hablar, y Barrabou lo esperaba con impaciencia.

Morinour y Barrabou se tumbaron en la fresca tierra de la orilla del río.

"Barrabou", empezó Morinour, "cuando hablamos en la hierba alta, expresaste que no te gustaba la sensación de tener miedo, que no querías tener que estar en guardia, ni hacer que los demás se sintieran así".

"Sí, abuelo, recuerdo haberte dicho esas cosas. Todavía me siento así", dijo Barrabou.

"He estado pensando en eso", dijo Morinour. "Lo que hiciste fue reflejarle a tu padre las emociones que él te proyectaba. Creó el miedo a propósito y quería que lo interiorizaras para poder dominar la situación. Es una técnica para controlar a los demás. Significa 'control por mi parte sobre los demás'".

Morinour continuó: "Esta técnica se centra sólo en 'mí', en lo que yo quiero, a expensas de los sentimientos e intereses de los demás".

"Esta es una forma de ser rey. Pero, como has dicho, te hace sentir muy incómodo. Otros responden a esta técnica, como tú lo hiciste, pero no hace que las relaciones sean agradables o buenas. Hace todo lo contrario. No es una relación de confianza, ni de cuidado, ni de respeto, y no durará mucho tiempo. A los demás les molesta este trato. El "controlador" debe reforzar continuamente su posición creando repetidamente una situación de miedo o confusión para poder mantener ese control".

Los ojos de Barrabou se abrieron de par en par cuando Morinour continuó. "Se necesita mucha energía para 'tener el control' de los demás. Se centra en ser negativo y en manipular a los demás únicamente para lo que 'yo' quiero. Nunca me ha gustado ese estilo: genera una ansiedad y un estrés perpetuos para todos los implicados".

Morinour hizo una pausa y concluyó: "Pero, curiosamente, puede funcionar, aunque con un precio. Destruye la confianza entre todos e impide que el grupo trabaje unido".

Barrabou había estado escuchando con los oídos bien abiertos. Comprendía la lógica de lo que había dicho Morinour y asentía periódicamente para mostrar su comprensión.

"En mi manada", dijo Morinour, "teníamos un león que actuaba tratando de controlar a otros leones todo el tiempo. Hacía cosas que enfurecían a los demás leones, pero no era lo suficientemente fuerte como para que los demás se inclinaran ante él. Intentaba mandar a otros leones y, cuando eso no funcionaba, intentaba atribuirse el mérito de lo que otros habían hecho. Era realmente "Yo primero", y todos lo sentían. Pero un día tuvo una experiencia que le hizo pensarse dos veces el seguir así".

Barrabou escuchó atentamente. "¿Qué fue?"

"Una noche", dijo su abuelo, "varios de nosotros estábamos patrullando el perímetro de la manada contra los depredadores". Incluso con una luna brillante, era una noche inusualmente oscura. De la nada, un enorme elefante macho salió de la oscuridad y cargó contra la aldea justo donde estaba el león. Sabía que era su responsabilidad proteger la zona que patrullaba y ahuyentar al elefante y alejarlo de la manada. Pero el elefante era tan grande y agresivo que le costó asustar a la enorme bestia. Rugió pidiendo ayuda, pero ninguno de nosotros acudió en su ayuda. En su lugar, formamos una línea secundaria entre él y la aldea para enfrentarnos al elefante si superaba al león y se acercaba a la aldea".

"¿Qué pasó?", preguntó Barrabou.

"Vimos cómo el elefante jugaba con el león durante un rato. Y luego la cosa se puso seria. El elefante ya no estaba jugando. Con su trompa, aquella enorme bestia comenzó a golpear con grandes arcos al león. De un solo golpe, le dio al león en el torso y lo dejó sin aliento. El golpe llevó al león varios metros por el aire. Aterrizó con un fuerte golpe en el duro suelo.

"El león se tumbó de lado intentando recuperarse mientras veíamos cómo el elefante se precipitaba y empezaba a levantar la pata directamente sobre el león en un intento de aplastarle el costado. Cuando nos dimos cuenta de la gravedad de la situación, todos nos abalanzamos sobre el elefante. Conseguimos confundir al elefante lo suficiente como para distraerlo del león abatido. Le dimos un pellizco en las patas al elefante para que renunciara a seguir intentando herir al león. El elefante se cansó de que lo molestáramos y finalmente perdió el interés. Se alejó de la manada y desapareció en la noche".

"¡Vaya!", dijo Barrabou.

Su abuelo continuó: "El león yacía en el suelo desorientado y agotado. Todos nos acercamos a él para asegurarnos de que no estaba gravemente herido, y luego, sin decir nada, lo dejamos allí. "

"Por lo que pasó, creo que era obvio para ese león que ninguno de nosotros apreciaba su intento de ser prepotente y controlador en la manada y que depender de nosotros significaría que tenía que actuar como miembro del equipo, y no sólo para sí mismo. Lo entendió. Más tarde, se acercó a cada uno de nosotros y nos dio las gracias por haberle salvado. Desde entonces, es un león "nosotros primero", y todos le apreciamos más".

Cuando Morinour concluyó, Barrabou dijo: "Lo entiendo, abuelo. No me gusta esa actitud de 'yo primero', y ahora veo que también puede ser contraproducente".

Morinour continuó la discusión. "La alternativa es aprender a gestionarme a mí mismo. Puedo elegir centrarme en cómo actúo en lugar de intentar controlar a los demás. Puedo gestionar mi actitud y centrarme en unirme a los demás para apoyarlos y en lo que es mejor para todos nosotros. Me gusta este estilo porque incluye lo que quiero y lo que deseo como miembro de nuestro grupo, pero no a costa de los demás. Promueve la confianza, el respeto y el aprecio entre todos nosotros. Esta filosofía es "Nosotros primero". Muy pronto, ese león aprendió lo valioso que es 'Nosotros primero'".

De nuevo, Barrabou asintió a su comprensión, pero esta vez con una sonrisa. "¡Eso me gusta!", dijo.

Morinour se alegró de la reacción de Barrabou. Hizo una pausa y luego añadió, casi en un susurro, por lo que Barrabou tuvo que inclinarse hacia delante para oírle: "Barrabou, si estás centrado en el 'nosotros', está bien que te acobardes".

"Todos tenemos vulnerabilidades y nos sentimos solos a veces. Si te arriesgas a mostrar esto a los demás, se identificarán con ello y apreciarán que hayas confiado lo suficiente en ellos para mostrar tus debilidades y preocupaciones."

Morinour le guiñó un ojo a Barrabou y repitió: "A veces, en las circunstancias adecuadas, que tú puedes crear, Barrabou, está bien flaquear".

Barrabou miró a su abuelo y dijo: "Entonces, abuelo, puedo elegir entre actuar 'para mí' o actuar 'para nosotros'. Creo que elijo 'nosotros primero'". Los dos se rieron.

"Es una buena manera de recordarlo, Barrabou. A mí también me gusta". dijo Morinour.

Se levantaron, se estiraron y caminaron hasta la orilla del río para tomar algo fresco antes de volver a la manada.

Mientras caminaban, Barrabou sabía que se trataba de una lección preciosa. Le recordaba cómo actuaban él y Lucy juntos, siempre teniendo en cuenta al otro primero. Pensar en Lucy le hizo sonreír. Era una sensación reconfortante.

Teniendo en cuenta esta discusión, Barrabou memorizó su segunda Lección del Espíritu del León y la escribió.

Lección del Espíritu del León
Lección 2

"Nosotros primero" en lugar de "Yo primero"

- Para fomentar la confianza y el respeto y poder hacer cosas buenas juntos, cada uno de nosotros debe adoptar una actitud de "Nosotros primero".

- Si alguno de nosotros se centra en el "yo primero", tratará de controlar y dominar al otro. Este énfasis creará desconfianza y nos impedirá cuidarnos y respetarnos. No podremos avanzar y progresar juntos. No sobreviviremos.

- "Nosotros primero" no es amenazante. Es fácil ser sincero con los demás. Podemos compartir más abiertamente y desarrollar suficiente confianza para mostrar nuestras vulnerabilidades. Con "Nosotros primero", podemos progresar juntos porque actuamos de la mejor manera para el grupo.

- Con una actitud de "Nosotros primero", es natural proyectar cariño y preocupación por los demás. Cuando lo hacemos, los demás nos lo reflejan. Este reflejo crea una atmósfera positiva y entusiasmo por trabajar juntos. Tiene un efecto mucho más duradero que "Yo primero".

- Hay una gran diferencia de resultados entre "Yo primero" y "Nosotros primero":

Cuando elijo "Yo primero"

Mi mentalidad es...	... Yo actúo ...	... Otros reaccionan ...
Me siento superior	*Arrogantemente*	*Sospechosamente*
Actúo para controlar	*A la fuerza*	*Defensivamente*
Soy manipulador	*No es auténtico*	*Con ira y resentimiento*
Creo que los demás son sólo una herramienta para mí	*Con desprecio*	*No se confía y se devuelve*
Asumo que las relaciones sólo me benefician a mí	*Gratuitamente*	*Huyendo de ti*

O

Cuando elijo "Nosotros primero"

Mi mentalidad es...	... Yo actúo ...	... Otros reaccionan ...
Soy respetuoso con los demás	Auténticamente	Con la apertura
Apoyo a los demás	Escuchar las necesidades de los demás	*Comprométase conmigo*
Actúo en Causa Común	Con integridad	*Confía en mí*
Te valoro por lo que eres	Con aprecio y respeto	*Apreciarme y respetarme*
Mis relaciones son para el Bien Común	Con compromiso y confianza	Están tranquilos y emocionados

Capítulo 6
La destructividad de la competencia

Barrabou siguió creciendo. Sabía que, cuando cumpliera dos o tres años, sería el momento de dejar la manada de sus padres para formar la suya propia.

Se repetía a sí mismo los principios que utilizaría para servir con éxito como Rey cuando tuviera su propia manada. Ya había interiorizado cómo lidiar con sus miedos y cómo mantenerse centrado en el "nosotros" para el bien mayor del grupo en lugar del "yo" centrado sólo en sí mismo.

Estaba a punto de experimentar otra lección muy personal.

Comenzó un día mientras Barrabou observaba a algunos de los leones mayores jugando en un campo a las afueras de la aldea de la manada. Lucy y otras leonas jóvenes también estaban observando el juego.

Barrabou conocía a todos estos leones y no dejaba de impresionarse por su agilidad y atletismo. Cuando los veía, siempre pensaba en lo grandes protectores de la manada que llegarían a ser cada uno de ellos.

Estaban luchando con una roca semirredonda de gran tamaño, jugando a mantenerla alejada del otro. Gruñían con entusiasmo cuando cada uno conseguía el control de la roca y trataba de mantenerla para sí mismo, sólo para que la pata de otro se deslizara y se la llevara.

Como parecía tan divertido, Barrabou se unió a la contienda. El grupo siguió jugando, disfrutando del juego. Cada león trataba de superar a los demás para mantener el control de la roca.

De repente, sin previo aviso, uno de los leones más veteranos del juego se lanzó en dirección a Barrabou y a otro león que estaba a su lado. Por el rabillo del ojo, Barrabou vio el ataque del león y pudo esquivar lo suficiente como para que el cuarto trasero del león empujara a Barrabou fuera del peligro del ataque. Barrabou cayó de costado. Se recuperó rápidamente y corrió fuera de la distancia de ataque, sin dejar de mirar al enfurecido atacante. Barrabou corrió instintivamente hacia Lucy para apartarla y protegerla.

El león que estaba junto a Barrabou no tuvo tanta suerte. La embestida del león atacante se centró en él. Una boca abierta de brillantes dientes le golpeó. Barrabou y los demás vieron con horror cómo los dientes del atacante se hundían sólidamente en el hombro del otro león. Cuando el atacante supo que había dado un golpe exitoso y tenía un buen agarre en el hombro, sacudió furiosamente la cabeza, controlando aún más a su víctima.

El león atacado dio una rápida voltereta y pudo zafarse, pero al hacerlo se lesionó aún más el hombro. El atacante retrocedió y dio un segundo golpe. La víctima rugió con gran dolor cuando el golpe encontró su marca en la herida abierta. El atacante volvió a retroceder, preparándose para un último golpe en el hombro. Al ver esto, el león herido dio un salto hacia atrás y se alejó cojeando y fuera del alcance del tercer ataque tan rápido como pudo.

El atacante se quedó jadeando. No explicó lo que había sucedido. Al parecer, el juego se le había ido de las manos y había arremetido contra él. Al cabo de un rato, se calmó y se alejó trotando hacia la maleza.

Todo esto duró sólo unos momentos, pero fue devastador para los jugadores y los espectadores. La mayoría de los jugadores se dispersaron rápidamente hacia los extremos de la aldea para esconderse del peligro y de cualquier otro arrebato del león atacante.

El hombro del león herido sangraba profusamente. Varios de los otros leones corrieron al río para mojar sus patas con barro. Volvieron para cubrir la herida del león herido con la tierra húmeda para aliviar el dolor y ayudar a detener la hemorragia. Pero los otros leones sabían que había sufrido una grave herida.

Barrabou estaba asustado y conmocionado por lo ocurrido. Lucy estaba horrorizada. Lucy vio en la expresión de Barrabou que él estaba tan afectado por la situación como ella. Juntos, se alejaron del campo hacia la cueva para estar a solas.

Barrabou podía oír los fuertes y rápidos latidos de su corazón debido a la adrenalina de la experiencia. Le quitó la energía y, mientras estaba tumbado a la sombra protectora de la cueva, se calmó y se quedó dormido. Lucy se tumbó a su lado, intentando relajarse, y le observó dormir. Ella seguía dormitando, también agotada por la prueba.

Barrabou soñó con lo que acababa de ocurrir.

En su sueño, habían pasado tres semanas desde el incidente. La herida del león atacado se había curado, pero ahora tenía una cojera permanente en el lugar donde su pierna se conectaba con el hombro que había sufrido el daño. La cojera era evidente cuando corría. Él y varios leones más estaban pastando en el campo justo antes del atardecer, enfrascados en su charla. No vieron a un grupo de hienas que se acercaba silenciosamente en busca de comida.

El olor de las hienas finalmente alcanzó a los leones, que corrieron en todas direcciones para escapar. Las hienas observaron durante un breve segundo para ver hacia cuál de los leones convergían. Vieron al único león cojeando, tratando de ganar velocidad. Mirándose unas a otras, todas las hienas corrieron hacia el león que cojeaba. Tardaron sólo unos segundos en alcanzarlo y derribarlo. En poco tiempo, se acabó. Arrastraron su cuerpo por el horizonte hasta un lugar seguro para darse un festín.

Barrabou se despertó sobresaltado, sudando profusamente. Tardó un momento en darse cuenta de dónde estaba y de que lo que acababa de ver era sólo un sueño. Pero la impresión duró.

Lucy se sobresaltó cuando Barrabou se despertó bruscamente y dijo: "Barrabou, ¿estás bien?". Le contó su sueño y cómo, más temprano, un juego lúdico se había convertido en una seria competición. Luego, en su sueño, el resultado fue la caída y luego la muerte de uno de los suyos. Si esto hubiera ocurrido realmente, dijo, su competencia interna habría hecho que la manada perdiera a uno de sus protectores potencialmente más fuertes.

Barrabou tomó nota mentalmente y le dijo a Lucy: "Cuando sea el rey de mi manada, nos advertiré a todos sobre la división que supone competir entre nosotros. En lugar de utilizar nuestras habilidades para competir, nos ayudaré a aprender el valor único que cada uno de nosotros puede aportar para ayudarnos a todos en la manada. Utilizar todo lo que tenemos para nuestro propósito común nos ayudará a respetarnos y apreciarnos mutuamente. Fortalecerá nuestros lazos comunes".

A continuación, escribió su tercera Lección del Espíritu del León.

Lección del Espíritu del León
Lección 3

Debemos contribuir en beneficio de todos y no, No competir entre nosotros
La competencia interna es destructiva

- Competir entre nosotros puede ser inconsciente, y puede ser insidioso. Destruye el entorno que necesitamos para trabajar juntos por nuestro objetivo común.

- Cuando competimos, estamos eligiendo no apoyarnos unos a otros. Alguien "ganará" y alguien "perderá". En realidad, todos perderemos porque no veremos el valor único que cada uno de nosotros puede aportar para satisfacer nuestras necesidades comunes y alcanzar los objetivos compartidos de nuestro grupo.

- La competencia interna genera desconfianza y recelo hacia los demás. La confianza y las relaciones positivas, apreciativas y respetuosas fomentan la armonía, los logros y la satisfacción de todos.

- Confiar o permitir que la competencia interna sea la base para alcanzar fines positivos es incoherente y no funcionará. No podemos utilizar un medio negativo y esperar un resultado positivo.

Lucy añadió: "La competencia valiosa es aquella que compite con uno mismo para ser lo mejor que puede ser. Este enfoque no es ofensivo para los demás y puede ayudar a contribuir al grupo de manera significativa".

Barrabou sonrió a Lucy y dijo: "¡Es una gran idea! Me gusta", y le dio un suave lametón en la cara.

Capítulo 7
Por el bien de todos

Como una de las leonas más fuertes y grandes de la manada, y como reina de la misma, Aleyma dirigía la caza de la comida de la manada. En una de esas búsquedas, Barrabou observó un hecho muy significativo.

El grupo de caza tenía una estrategia bien elaborada para acechar a la presa. Las leonas se movían lenta y silenciosamente en grupo, extendiéndose por una gran zona. Aleyma se colocaba en el centro del grupo de caza. Mientras todas mantenían sus posiciones, examinaban la zona y localizaban un pequeño grupo de animales. Las leonas en las alas del grupo identificarían un animal específico para atacar y tratarían de asustarlo para que corriera hacia el centro donde Aleyma estaba esperando.

Aleyma se agachaba en el suelo y seguía de cerca a la presa con sus ojos. Seguía al objetivo de un lado a otro de la zona de caza mientras las otras leonas se burlaban de él. Cuando percibía el momento en que el animal estaba aturdido y confundido, atacaba para matarlo.

Esa noche, el grupo de leonas de caza llevaba varias horas fuera sin suerte. Casi habían renunciado a volver a la manada con las manos vacías. Su éxito fue crucial porque la manada no había comido bien durante un tiempo. Apenas habían subsistido con lo que podían buscar en la basura.

Pero ahora, las leonas sintieron y luego oyeron a un pequeño grupo de búfalos de las llanuras dirigirse lentamente hacia ellas. Cada una de las leonas se detuvo instintivamente y se agachó en la hierba alta, esperando que el golpeteo de las pezuñas se hiciera más fuerte.

Una de las leonas más jóvenes del flanco izquierdo de Aleyma levantó ligeramente la cabeza para ver a los siete búfalos que se acercaban. Un gran búfalo se quedó un poco atrás del resto, deteniéndose perezosamente de vez en cuando para pastar. La partida de caza entró en acción. Utilizando la estrategia que habían empleado con éxito antes, aislaron a este búfalo solitario y lo hicieron caer desde el flanco izquierdo directamente en el camino de Aleyma.

Aleyma se abalanzó fácilmente sobre el búfalo asustado y lo superó rápidamente. ¡Triunfo!

Como era costumbre, la leona que mataba volvía a la manada para anunciar el éxito. Las otras leonas se quedarían para proteger el cadáver hasta que la manada llegara para el banquete.

Inmediatamente después de la matanza, Aleyma se dirigió a la manada para anunciar el éxito y conducir a la manada hasta el búfalo abatido. Al oír la noticia, toda la manada se reunió para seguir a Aleyma. Llegaron para ver a la partida de caza formada en un amplio círculo alrededor del animal intacto, custodiando su captura. Ninguno se había atrevido siquiera a mordisquear al búfalo. Era bien sabido que sólo el rey de la manada podía empezar a alimentarse y satisfacerse primero. Si cualquier otro león empezaba antes que él, recibía una terrible paliza del rey.

Los miembros de la manada se unieron al círculo con las leonas alrededor del búfalo. Barrabou y Lucy se situaron en el perímetro del círculo con los otros cachorros. Poco después de reunirse, el Rey Rantour hizo su entrada. Entró brincando en el centro del ring. Con una pata sobre el cadáver abatido, miró a cada uno de los leones y rugió para indicar que él era el rey y que él, y sólo él, comería. El resto de la manada se dispersó para dejar que Rantour se diera un festín solo.

Mientras Rantour comía, el olor de la comida se hacía cada vez más fuerte, atrayendo a algunos miembros de la manada hacia él. Los observaba con atención, y cada vez que se acercaban, Rantour les daba un manotazo y rugía para hacerlos retroceder. Rantour comía por sí mismo con gran celo. Cuando por fin se sació, se dio la vuelta, se alejó del cadáver del búfalo y se adentró lentamente en la maleza cercana para tumbarse. Se quedó profundamente dormido, con el estómago más lleno de lo que había estado en meses.

La salida de Rantour de la presa fue la señal de que el resto de los fuertes leones machos podían alimentarse con seguridad. Las leonas, los cachorros y los ancianos, incluidos Barrabou y Lucy, esperaron a una distancia segura. Observaron a los machos acercarse al búfalo al unísono. Cada uno miraba al otro como si decidiera cuándo saltar para conseguir el primer bocado. A medida que se acercaban, observándose cautelosamente, se movían para conseguir la mejor parte del festín. Se pellizcaron las piernas y los hombros y rugieron, compitiendo por el mejor lugar para alimentarse.

De pie, hombro con hombro, los leones tiraban de la carne en un feroz torbellino de movimientos. Si uno de ellos pensaba que podía ganar una mejor posición, creaba una pequeña escaramuza e intentaba apartar a otro león de su camino.

Barrabou mantuvo su posición a varios metros de distancia. A pesar del hambre que tenía, se contuvo, temiendo acercarse demasiado y que le picaran las piernas y los hombros. Al igual que Barrabou, el resto de la manada observó cómo los leones devoraban la presa.

Se acabó en no más de diez minutos. Los leones habían terminado de alimentarse. Pero para consternación de Barrabou, se habían comido casi todo el búfalo. Luego siguieron el ejemplo de Rantour. Cada uno se alejó para encontrar un lugar cómodo donde dormitar.

Cuando los leones se alejaron de la zona de alimentación, las leonas, los cachorros y los ancianos se acercaron a lo que quedaba del búfalo. Recogieron lo que pudieron. Les quedaba poco para comer. Algunos lograron salvar algunos trozos, pero la mayoría pasó hambre. Barrabou pudo coger un pequeño trozo de cartílago que compartió con Lucy, pero tampoco consiguió comer casi nada.

Era casi el amanecer. Barrabou regresó lentamente a la aldea de la manada con los demás. Estaba desanimado y se acostó con mucha hambre.

Cuando se despertó, Barrabou tenía aún más hambre. Se levantó y caminó hasta el río. Comió algunas hojas y hierba y luego bebió del río para llenarse la barriga, pero todo esto no sirvió para calmar su hambre.

Barrabou todavía estaba cansado de la actividad de la noche anterior. En lugar de unirse a jugar con los otros cachorros, descansó en la orilla del río. Reflexionó sobre lo que había sucedido la noche anterior y empezó a hablar consigo mismo sobre ello.

Razonó que no tenía sentido que el rey y los leones fuertes comieran primero y no dejaran nada para el resto de la manada. Mientras su estómago gruñía, incluso se enfadó un poco por eso. Siguió reflexionando. "Cuando sea rey de mi manada, iniciaré una discusión entre todos nosotros sobre la comida y la supervivencia. Llegaremos a un acuerdo sobre cómo nos alimentaremos para cuidar de todos nosotros.

"En lugar de la mentalidad de "yo primero" que presencié anoche con el rey y los leones atiborrándose a expensas de que no haya comida para los demás, sugeriré que nos alimentemos de una manera más lógica que nos sirva más eficazmente. Pediré a todo el mundo que considere que primero debemos alimentar a nuestros cachorros y ayudarles a comer. ¿Por qué? Nuestros cachorros sanos asegurarán que sobrevivamos y sigamos adelante. Nuestros cachorros son nuestro futuro.

"Luego, sugeriré que demos paso a nuestras leonas para que coman. Deben mantenerse sanas para amamantar y cuidar a nuestros cachorros. También son nuestras cazadoras y necesitan su fuerza para recoger comida para nosotros.

"A continuación, diré que debemos honrar a nuestros ancianos y pedirles que se alimenten. Tenemos mucho que aprender de ellos sobre cómo han prosperado y sobrevivido. Y, si no fuera por ellos, ninguno de nosotros estaría aquí. Ellos son nuestra historia.

"Y luego, sugeriré que los leones se alimenten en su orden jerárquico, pero que lo hagan en silencio y sin hacerse daño. Son nuestros protectores y los futuros padres de nuestra especie. Nosotros también los necesitamos sanos.

"Por último, pediré que dejen algo de comida para mí, su rey. Sólo después de que toda la manada esté alimentada, me alimentaré yo".

Barrabou sonrió para sí mismo, satisfecho. Este plan tenía sentido para él. Aseguraría el enfoque común de la manada -lo que la manada necesitaba para sobrevivir y seguir adelante- y satisfaría las necesidades de todos.

Resumió estos pensamientos vocalizando otra Lección del Espíritu del León. Sería su última lección antes de prepararse para dejar la manada de sus padres y salir por su cuenta. Sabía que su hora de partir estaba cerca.

Lección del Espíritu del León
Lección 4

Centrarse en el propósito común y actuar sobre esa base, Valorar lo que cada miembro del grupo aporta a nuestro propósito común

- Si podemos definir y acordar el propósito y el enfoque común de nuestro grupo, trabajaremos mejor juntos en una causa común para obtener resultados y aspirar a lo que es mejor para todos nosotros.

- A medida que cada uno de nosotros se comprometa a cumplir nuestro propósito común, identificaremos y resolveremos los problemas con eficacia.

- Empatizaremos mejor con los demás y respetaremos y apreciaremos el valor que cada uno de nosotros puede aportar para cumplir nuestros objetivos y metas comunes.

Barrabou sabía que Lucy se sentiría orgullosa de sus ideas cuando se las describiera.

Capítulo 8
Seguir adelante

Había pasado un mes desde aquella trascendental cacería. Barrabou, que ahora tenía dos años y medio, se sentía cada vez más incómodo en la manada. Y sabía por qué. Era el momento de seguir adelante, de irse y formar su propia manada.

En los últimos tres meses, Barrabou se había sentido cada vez más cómodo expresando abiertamente sus opiniones a otros leones jóvenes y también a los adultos. Aunque siempre era respetuoso con los demás, aportaba sus fuertes ideas a las conversaciones y no temía debatir temas con los demás. Cuando no estaba de acuerdo, tenía una razón sólida para su posición, y se defendía en las conversaciones.

Se sentía discretamente orgulloso de haber defendido lo que creía. Sabía que había alcanzado la mayoría de edad como joven adulto y que estaba preparado para aventurarse de forma independiente. También se sentía cada vez más inquieto por la forma en que su padre gobernaba autocráticamente en la manada.

Decidió que prepararía su salida de la manada y luego se lo diría a sus padres. Con los planes de partida formándose en su cabeza, Barrabou fue muy consciente de su entorno: la aldea de la manada, la cueva y, sobre todo, la orilla del río. Mientras caminaba, pensaba en los buenos y malos momentos con su familia y amigos en la manada.

Se dio cuenta de que volvía a la cueva y al río con frecuencia, recordando cada vez todo lo que había vivido y reflexionado en los últimos dos años.

Pensó en el recorrido de Rantour por la manada cuando era joven, en sus conversaciones con Morinour sobre todos los temas imaginables y, por supuesto, en sus discusiones con Lucy.

Pronto llegó el día en que Barrabou estaba listo para partir. Morinour había llegado para visitar a la familia, y Barrabou sabía que era el momento de anunciar su marcha.

A media tarde, con la familia reunida descansando cerca de la guarida, Barrabou se dirigió a todos.

"Mamá, papá, abuelo", comenzó con confianza, "he decidido que es hora de dejar la manada". Mientras hablaba, Barrabou miró a sus hermanas, a sus padres y a Morinour.

"Sabéis que os quiero mucho. Lo sois todo para mí. Pero también sé que debo irme para comenzar mi propia vida lejos de la manada. Es hora de que me vaya, y me siento cómodo haciéndolo".

Todos los miembros de la familia escucharon a Barrabou pero no dijeron nada. Ellos también habían intuido durante varias semanas que esto se avecinaba.

Barrabou continuó. "Os echaré de menos todos los días y, cuando me haya instalado, volveré a visitaros, pero ha llegado el momento de irme. Es la hora".

Rantour dijo entonces: "Barrabou, hijo mío, todos estamos muy orgullosos de ti. Sabemos que debes irte, pero sabes que todos estamos aquí para ayudarte siempre que nos llames". Aleyma y Morinour se miraron entre sí y luego a Barrabou, asintiendo con su apoyo.

Morinour añadió: "Sí, nieto mío, llámame y allí estaré". Sonrió con su conocida sonrisa de amor y afecto que siempre reconfortaba a Barrabou.

Barrabou miró una vez más de una cara a otra y dijo: "Gracias a todos. Gracias por todo lo que habéis hecho por mí".

Por turnos, se acercó a cada uno de ellos: Primero, Aleyma, luego cada una de sus hermanas, después Rantour y finalmente Morinour. Les dio un suave lametón en la mejilla a cada uno de ellos. Y luego, lentamente, se alejó en dirección al río.

Barrabou pasó su última noche en la manada junto al río. Durante una hora, se tumbó tranquilamente en la orilla con los ojos cerrados, escuchando el correr del río. Repasó todas las lecciones que había aprendido. Éstas serían la base de cómo empezaría su manada, cómo se relacionaría con los otros leones y cómo esperaba que funcionara la nueva manada para obtener los mejores resultados.

En su mente, resumió las Lecciones del Espíritu del León que había memorizado.

- Comprender el miedo, pero no tenerlo
- Ser "nosotros primero" en lugar de "yo primero"
- Debemos contribuir en beneficio de todos

- No competir entre nosotros

- La competencia interna es destructiva

- Centrarse en un propósito común y actuar sobre esa base

- Valorar lo que cada miembro del grupo aporta a nuestro propósito común

Barrabou los guardó en su cabeza para poder recordarlos en cualquier momento. Sabía que si era consciente de estos principios y los utilizaba activamente, le servirían a él y a su nueva manada.

Parpadeando varias veces, Barrabou respiró profundamente, exhaló tranquilamente y se levantó de la orilla del río. Miró lentamente a su alrededor una vez más para asimilar este maravilloso lugar de su crianza, este lugar que tanto amaba. Luego se dio la vuelta y se marchó.

Pero tenía que hacer una parada más. Fue a visitar a Lucy y le contó su plan de irse. Aunque le insinuó que se fuera con él, no se lo propuso por temor a que dijera que no. Así que Barrabou se limitó a lamerle suavemente el costado de la cara y a despedirse.

He trotted off in the direction of the plains grasses. The further he moved away from the pride, the faster he ran. Had you seen him running through the grass, you would have smiled to see him jumping straight up in the air every so often and hearing him laugh out loud as he ran.

Era feliz, con una base sólida. Salvo por echar de menos a Lucy, sentía la emoción y el regocijo de comenzar su propia vida independiente.

Mientras corría, se dio cuenta de que se acercaban unas pisadas detrás de él. Se giró y vio a Lucy corriendo tan rápido como podía para alcanzarle. Con una amplia sonrisa en la cara, se detuvo y la esperó.

Barrabou no recordaba haberse sentido nunca tan feliz.

Guía de debate

El león que se acobardó

El cachorro que sería rey

Jed Selter

Guía de debate
Introducción

Este libro consta de un cuento y de esta guía complementaria, que dará a los adultos y a los adolescentes una hoja de ruta para ayudar a aplicar los principios descritos en el cuento.

La mayoría de los capítulos del cuento concluyen con una "Lección del Espíritu del León" para reiterar la premisa central de ese capítulo.

En esta guía, se repite cada "Lección" del libro, seguida de una breve hoja de trabajo de "Introspección" para que los adultos la apliquen a sí mismos.

Cada Introspección va seguida de un "Diálogo con los Cachorros" para que los padres, tutores, profesores y otros líderes juveniles hagan participar a los adolescentes en discusiones sobre el tema del capítulo.

Al leer este libro a los adolescentes o con ellos y utilizar la guía, espero que los adultos puedan abrir diálogos con los jóvenes para que ellos también puedan interiorizar herramientas para vivir con gracia y tranquilidad.

Guía para los capítulos 1-4
Sobre el miedo

Esta sección de la Guía, Espíritu del León Lección 1 - Sobre el miedo, está relacionada con los capítulos uno a cuatro del cuento. Incluye la hoja de trabajo de introspección para adultos y la hoja de trabajo de diálogo con los cachorros.

Espíritu del León - Lección 1
Entiende el miedo, pero no tengas miedo

- Es sano y valioso comprender el miedo.

- En las relaciones, ser temeroso es autodestructivo.

- El miedo aumenta la ansiedad y embota los sentidos. Inhibe oír, escuchar y pensar con claridad.

- El miedo paraliza. Arruina la confianza en las relaciones y provoca la desconexión con los demás. Puede crear desconfianza y aislamiento.

- El miedo te roba la capacidad de actuar.

- Reconoce y trabaja tus miedos lo antes posible, para que puedas funcionar con todas tus capacidades y permanecer conectado con los demás en relaciones de apoyo mutuo y respeto.

Sobre el miedo
Hoja de trabajo de introspección para adultos

El siguiente ejercicio está pensado para que los adultos practiquen la toma de conciencia y la gestión de sus miedos. Se necesita un bolígrafo o un lápiz y papel.

- Piensa en algo que te dé miedo y escríbelo. (Puede ser cualquier cosa: una situación, una responsabilidad, una relación en tu vida personal o profesional o el miedo al rechazo o al fracaso).

- ¿Cómo se manifiesta este miedo en ti? Es esencial identificar y reconocer cómo te afecta este miedo. Anota cómo te afecta este miedo (por ejemplo, sintiéndote confuso, enfadado, agitado, con sudoración, tensión muscular, dolor de cabeza o falta de confianza en ti mismo).

- Enumera algunas razones de este miedo (como la inseguridad o la novedad en una relación, o la falta de experiencia para afrontar una situación).

- Para cada una de las razones anteriores, describe las acciones razonables que puedes llevar a cabo para cambiar el curso del miedo (como abrirte a una nueva relación o reflexionar sobre experiencias anteriores que puedan relacionarse con un nuevo reto).

- Pruebe cada acción realizando esa acción y observando si disminuye los efectos del miedo que describió anteriormente.

- Para garantizar el éxito, es posible que tengas que repetir los pasos. Utilice este proceso para abordar otros miedos que pueda tener.

- Si este procedimiento no tiene éxito, enumera nuevas razones y acciones. Sigue el proceso y tu progreso, asegurándote de que eres honesto y sincero contigo mismo sobre las razones y acciones que describes y utilizas.

Notes

Notes

Sobre el miedo
Diálogo con los cachorros

Después de completar la hoja de trabajo de la página anterior, es posible que tengas alguna experiencia trabajando con uno de tus miedos. Esto puede ayudarte a hablar con tus adolescentes sobre el miedo y guiarles a través del proceso que has utilizado. Aquí tienes una sugerencia para esa secuencia:

- Haz que tus adolescentes lean (o les leas) los capítulos uno a cuatro de este libro.

- Discuta los capítulos con ellos.

- Descríbales en términos generales un miedo que haya superado.

- Pídales que describan algo que les da miedo y cómo les hace sentir.

- Explore qué acciones creen que podrían tomar para eliminar lo que les hace sentir así.

- Sigue con ellos los resultados de sus acciones para eliminar sus sentimientos negativos. Pregúntales si se sienten menos temerosos.

- Sugiere otras medidas que puedan tomar para eliminar los sentimientos negativos y el miedo.

Guía para el capítulo 5

"Yo primero", "Nosotros primero"

Esta sección de la Guía, Espíritu del León Lección 2 - Yo primero, nosotros primero, está relacionada con el capítulo 5 del cuento. Incluye la Hoja de trabajo de introspección para adultos y la Hoja de trabajo de diálogo con los cachorros.

Elijo "Yo primero" - Acciones y reacciones (gráfico)

Elijo "Nosotros Primero" - Acciones y Reacciones (Gráfico)

Espíritu del León - Segunda lección
"Nosotros primero", en lugar de "Yo primero"

- Para desarrollar la confianza y el respeto, de modo que podamos hacer cosas buenas juntos, cada uno de nosotros debe adoptar una actitud de "Nosotros primero".

- Si alguno de nosotros se centra en el "yo primero", tratará de controlar y dominar al otro. Este énfasis creará desconfianza y nos impedirá cuidarnos y respetarnos. No podremos avanzar y progresar juntos. No sobreviviremos.

- "Nosotros primero" no es una amenaza. Es más fácil ser sincero con los demás. Podemos compartir más abiertamente y desarrollar suficiente confianza para mostrar nuestras vulnerabilidades. Con "Nosotros primero", podemos progresar juntos, porque todos actuamos de la mejor manera para el grupo.

- Con una actitud de "Nosotros primero", es natural proyectar cariño y preocupación por los demás. Cuando lo hacemos, los demás nos lo reflejan. Este reflejo crea una atmósfera positiva y entusiasmo por trabajar juntos. Tiene un efecto mucho más duradero que "Yo primero".

- Hay una gran diferencia en las relaciones y los resultados entre "Yo primero" y "Nosotros primero".

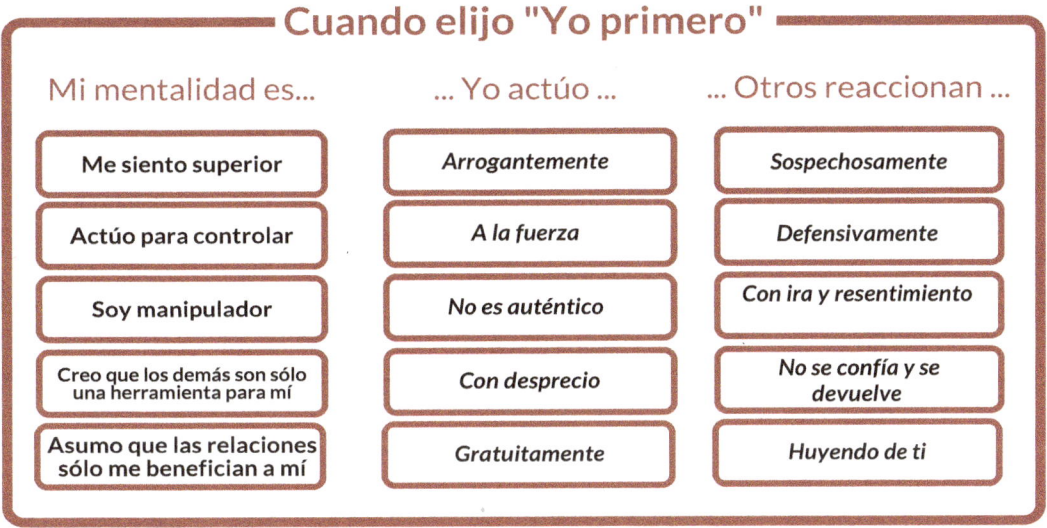

Actúo: Consciente e inconscientemente, todo lo que proyecte hacia ti será defensivo, "prepotente" y forzado.

Tú reaccionas: Reaccionarás desconfiando de mí. Te sentirás incómodo a mi alrededor. No querrás, No querrás estar cerca de mí, ni confiarás en mí.

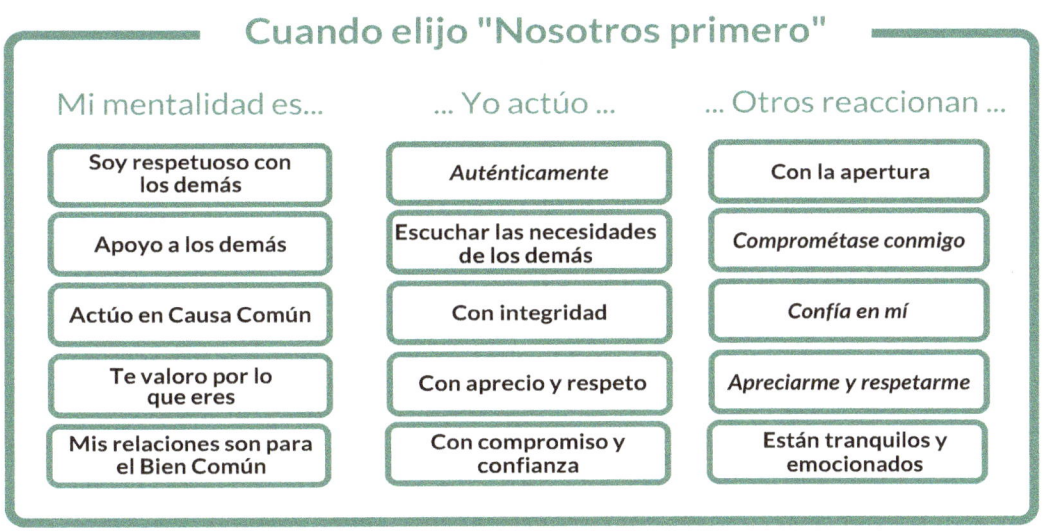

Actúo: Proyectaré mi actitud hacia ti de respeto y apertura hacia ti. Pensaré y hablaré bien de ti Pensaré y hablaré bien de ti, y te apoyaré.

Tú reaccionas: Te entusiasmará colaborar conmigo. Podremos centrarnos en el bien común que podemos lograr juntos.

"Yo primero" o "Nosotros primero"
Introspección

El siguiente ejercicio está pensado para que los adultos identifiquen y trabajen para mejorar una relación personal o profesional. Requiere un bolígrafo o un lápiz y papel. Escriba sus respuestas a las siguientes preguntas:

Piensa en una persona con la que te relacionas en la que un elemento de ansiedad y tensión puede estar limitando vuestra relación.

- ¿Cuál es la base de la ansiedad y la tensión? ¿Se debe a las actitudes y comportamientos de "yo primero"? ¿De parte de quién? ¿De la tuya? ¿De la otra persona? ¿De ambos?

- ¿Cómo podrías actuar de forma diferente para eliminar la ansiedad y aumentar las conexiones positivas con esa persona (céntrate en las actitudes y el comportamiento de "Nosotros primero")?

- En respuesta a las preguntas anteriores, ¿qué acciones específicas está dispuesto a realizar para mejorar esta relación?

- Después de tomar estas acciones para mejorar esta relación, ¿puedes ver cambios en las reacciones a tus acciones?

- ¿Cuáles son?

- ¿Está mejorando la relación?

- ¿Qué otras medidas puede tomar para seguir mejorando la relación? Comprométete a llevarlas a cabo.

Notes

Notes

"Yo primero" o "Nosotros primero"
Diálogo con los cachorros

Después de completar la Introspección, para que tengas algo de experiencia con el proceso para mejorar una relación, habla con los adolescentes sobre este tema. Guíelos a través del proceso que usted utilizó. He aquí una sugerencia para esa secuencia:

- Haz que lean (o léeles) el capítulo 5 de este libro.

- Discuta el capítulo con ellos.

- Descríbales, en términos generales, las mejoras en las relaciones que usted logró mediante el proceso de la página anterior.

- Pídales que describan una relación con un compañero que implique un alto nivel de ansiedad o estrés.

- Explore lo que ellos y la otra persona pueden estar haciendo que se suma a la mala relación.

- Discuta cómo les hace sentir esta relación negativa y cómo creen que hace sentir a los demás.

- Explora con ellos qué acciones creen que podrían tomar para mejorar la relación.

- Pídales que se comprometan a llevar a cabo las acciones que podrían mejorar la relación y que, al hacerlo, observen si la otra persona actúa de forma más positiva hacia ellos.

- Pregúntales cómo se siente ahora la relación después de estas acciones y cómo creen que se sienten los demás.

- Siga con ellos los resultados de esto y discuta qué más pueden hacer para seguir mejorando la relación.

Guía para el capítulo 6
Concurso

"Yo primero", "Nosotros primero"

Esta sección de la Guía, Espíritu del León Lección Tres-La competencia interna es destructiva, se relaciona con el capítulo seis de la historia.

Debemos contribuir en beneficio de todos y no competir entre nosotros.

Incluye la Hoja de Trabajo de Introspección para Adultos y la Hoja de Trabajo de Diálogo con los Cachorros.

Espíritu del León - Lección 3

Debemos contribuir en beneficio de todos y no No competir entre nosotros
La competencia interna es destructiva

- Competir entre nosotros puede ser inconsciente, y puede ser insidioso. Destruye el entorno que necesitamos para trabajar juntos por nuestro objetivo común.

- Cuando competimos, estamos eligiendo no apoyarnos unos a otros. Alguien "ganará" y alguien "perderá". En realidad, todos perderemos porque no veremos el valor único que cada uno de nosotros puede aportar para satisfacer nuestras necesidades comunes y alcanzar los objetivos compartidos de nuestro grupo.

- La competencia interna genera desconfianza y recelo hacia los demás cuando lo que se necesita es confianza y relaciones positivas, apreciativas y respetuosas.

- Confiar o permitir que la competencia interna sea la base para alcanzar fines positivos es incoherente y no funcionará. No podemos utilizar un medio negativo y esperar obtener resultados positivos.

Introspección - Competencia

El siguiente ejercicio está pensado para que los adultos identifiquen y trabajen para mejorar una relación de competencia. Requiere un bolígrafo o un lápiz y papel. Escriba sus respuestas a las siguientes preguntas:

Piensa en una persona con la que compites, ya sea alguien en tu vida profesional, un compañero, alguien que te reporta o alguien a quien reportas, o en tu vida personal, como con tu cónyuge, un padre o un hermano.

- Valide que siente competencia con esta persona identificando y anotando las características de su interacción. (por ejemplo, desconfianza, sospecha, ocultación de información, argumentación, estrés).

- Escriba su opinión sobre la base para sentirse competitivo con esta persona. (¿Fue algo que esta persona hizo o dijo? ¿Fue algo que usted hizo? ¿Hace cuánto tiempo?)

- Si tú estás precipitando la competencia, ¿qué estás haciendo? ¿O qué hizo usted? ¿Cómo reacciona o reaccionó esta persona a lo que usted hace o hizo?

- Si crees que la otra persona está precipitando esta competitividad, ¿qué está haciendo y cómo reaccionas tú?

- Piensa y escribe qué impactos e implicaciones negativas tiene esta relación competitiva para ti y para el grupo del que tú y esta otra persona sois miembros.

- En tus observaciones, ¿cómo te afecta esta competencia?

- ¿Cómo afecta esta competencia a los demás miembros del grupo?

- ¿Qué podrías hacer para reducir la competitividad de esta relación? ¿Cómo abordarías y discutirías esto con la otra persona?

- Comprométete a dar los pasos que has descrito anteriormente para reducir este conflicto y esta competencia.

- Revisa cómo te sientes con las medidas que has tomado y las reacciones de la otra persona. Revisa qué efectos tiene este cambio para los miembros del grupo.

- Comenta los aspectos positivos de los cambios en la relación con la persona con la que habías estado compitiendo, para que ambos podáis trabajar con el objetivo común de reducir vuestra competitividad mutua.

- Aprovecha los aspectos positivos de tu relación para seguir fortaleciéndola.

Notes

Notes

Diálogo con los Cachorros - Competencia

Después de completar la Introspección de la página anterior, de modo que tengas alguna experiencia con el proceso para mejorar una relación competitiva, habla con tus jóvenes adultos sobre este tema. Guíelos a través del proceso que usted utilizó. Aquí tienes una sugerencia para esa secuencia:

- Haz que lean (o léeles) el capítulo seis de este libro.

- Discuta el capítulo con ellos.

- Descríbales las mejoras que ha conseguido o en las que está trabajando a partir de las relaciones de la página anterior.

- Pídales que describan una relación competitiva con un amigo, un compañero o un familiar.

- Explora con ellos lo que ellos y la otra persona pueden estar haciendo que perpetúa esta relación competitiva.

- Discuta con ellos cómo les hace sentir esta relación negativa y cómo creen que hace sentir a la otra persona.

- Explora con ellos qué acciones creen que podrían tomar para mejorar la relación.

- Pídeles que se comprometan a realizar las acciones que podrían mejorar la relación y que, al hacerlo, observen si la otra persona actúa de forma más positiva hacia ellos.

- Pregúntales cómo les parece ahora la relación y cómo creen que se siente la otra persona.

- Pídeles que te cuenten los resultados de sus pensamientos o acciones y que comenten qué más pueden hacer para seguir mejorando la relación.

- Pídales que hablen con usted sobre los aspectos positivos de esta relación revitalizada y discuta con ellos formas de seguir fortaleciendo la relación.

Guía para el capítulo 7
Centrarse en el propósito común y valorar a los demás

Esta sección de la Guía, Espíritu del León Lección Cuatro-Propósito común y valoración de los demás, se relaciona con el capítulo siete de la historia.

Enfóquese en el propósito común y actúe sobre esa base. Valora lo que cada miembro del grupo aporta a nuestro propósito común.

Incluye la Hoja de Trabajo de Introspección para Adultos y la Hoja de Trabajo de Diálogo con los Cachorros.

Espíritu del León - Lección 4
Centrarse en el propósito común y valorar a los demás

Valorar lo que cada miembro del grupo aporta a nuestro propósito común.

- Si somos capaces de definir y acordar el propósito y el enfoque común de nuestro grupo, nos ayudará a trabajar juntos para obtener resultados comunes y aspirar a lo que es mejor para todos nosotros.

- El hecho de que cada uno de nosotros se comprometa a actuar para cumplir nuestro propósito común nos ayudará a identificar y resolver los problemas con eficacia.

- Este comportamiento nos ayudará a empatizar con los demás y a respetar y apreciar el valor que cada uno de nosotros puede aportar para cumplir nuestros objetivos y metas comunes.

Introspección
Centrarse en el propósito común y valorar a los demás

El siguiente ejercicio está pensado para que los adultos identifiquen y les ayude a centrarse en un propósito común en un grupo profesional o social. Requiere un bolígrafo o un lápiz y papel. Escriba sus respuestas a lo siguiente:

Identifica y escribe el nombre de un grupo profesional o social del que seas miembro.

- ¿Tiene este grupo un objetivo común declarado? ¿Ha sido discutido y acordado por todos los miembros del grupo? Si es así, bien. Si no es así, inicie el diálogo para definir y acordar un propósito común.

- Piensa en el valor que cada miembro del grupo aporta al grupo y a su propósito común. Escríbalos.

- Escribe tu opinión sobre lo que crees que aportas al grupo.

- Proponga (y ayude a iniciar) el diálogo en el grupo sobre el valor que cada persona aporta al grupo. Empieza con el ejemplo y enuncia lo que crees que otro miembro del grupo aporta al grupo.

- Proponga el siguiente ejercicio para iniciar este diálogo:

- Pide al grupo que nombre a un facilitador de entre los miembros del grupo para que dirija este ejercicio. (El facilitador dirigirá el resto de este ejercicio).

- Haz que cada miembro del grupo piense en el valor que cada uno aporta al grupo. Pídeles que escriban el nombre de cada uno de los otros miembros del grupo en un papel o tarjeta aparte.

- En cada una de estas tarjetas, haz que cada miembro enumere cinco cosas que cree que ese miembro del grupo aporta al grupo.

- Una vez completada esta parte para cada miembro del grupo, haz que las tarjetas se entreguen al facilitador.

- El facilitador agrupará todas las tarjetas por el nombre de cada miembro y luego leerá en voz alta al grupo lo que el grupo cree que cada miembro aporta al grupo.

- A continuación, el animador entregará a cada miembro las tarjetas escritas sobre él para que las conserve y reflexione sobre ellas.

- Una vez terminado el ejercicio anterior, observa si crees que ahora hay un aura más cercana y respetuosa entre los miembros del grupo.

- Si crees que la hay, ¿por qué crees que existe ahora y antes no?

- Si crees que no la hay, ¿por qué no?

- ¿Te sientes más cerca de los demás en el grupo?

- Proponga al animador que las preguntas anteriores se planteen al grupo y se discutan.

Notes

Notes

Diálogo con los cachorros
Propósito común y valoración de los demás

Después de completar la Introspección de la página anterior, de modo que tengas alguna experiencia con el proceso para aumentar el propósito común y la valoración de los demás, habla con tus adolescentes sobre la valoración y el aprecio de los demás. Guíelos para que consideren el valor que cada miembro aporta al grupo. Aquí tienes una sugerencia para esa secuencia:

- Haz que lean (o léeles) el capítulo siete de este libro.

- Comenta el capítulo con ellos.

- Comenta con ellos lo que significan los conceptos de propósito común y valoración de los demás.

- Responda a las preguntas que puedan tener con ejemplos de sus situaciones sociales y de las suyas propias, pero manténgalos a un nivel que puedan entender.

- Pídeles que te hablen de un grupo en el que estén y de cuál es el objetivo común de ese grupo. (Sugiere una clase o proyecto escolar, un club escolar o deportivo, un grupo o club religioso o social al que pertenezca, como los Cubs Scouts, las Brownies o las Camp Fire Girls).

- Pregúntale qué valor cree que aporta a ese grupo y coméntalo con él. Refuerza sus comentarios diciéndole lo que crees que aportan al grupo.

- Pídeles que te digan el nombre de otra persona del grupo y qué valor o contribución creen que aporta al grupo.

- Después de pensar en el valor que esa persona aporta al grupo, pídele que describa cómo se siente con respecto a esa persona.

- Si se sienten mejor o más felices con esa persona, pregúntales qué ha cambiado y por qué se sienten así ahora.

- Si no se sienten diferentes respecto a esa persona, pregúnteles por qué no.

- Para cualquiera de las respuestas que den, mantén una conversación estimulante sobre cómo las relaciones pueden mejorar cuando nos centramos en las cosas positivas que los demás aportan al grupo, y cómo pensar de esa manera puede mejorar las relaciones.

Sobre el autor

La pasión de Jed por las personas y sus perspectivas sobre las relaciones comenzaron cuando era adolescente.

En el instituto y en la universidad, Jed trabajó con niños sordos y ciegos y más tarde organizó y dirigió una tropa de Boy Scouts. Después de 5 años como oficial/agente especial en la Oficina de Investigaciones Especiales de las Fuerzas Aéreas, Jed siguió una carrera de gestión en la industria y se jubiló como ejecutivo de nivel medio en una empresa de la lista Fortune 50.

Jed es fundador y presidente de JS Associates, Inc. establecida para mejorar la vida de un amplio espectro de personas y organizaciones.

Entre sus muchos logros profesionales, Jed dirigió iniciativas nacionales para la industria con numerosas agencias gubernamentales y la Casa Blanca para resolver cuestiones políticas que afectan a la industria.

A lo largo de su carrera, Jed ha sido orador principal en foros sobre temas de motivación, liderazgo y gestión eficaz.

Jed fue voluntario durante 10 años en la Cruz Roja Americana y ocupó varios puestos de liderazgo en la ayuda a las catástrofes y el apoyo a la comunidad.

Jed es cofundador, presidente y director ejecutivo de Caring Clowns International, una organización benéfica sin ánimo de lucro formada exclusivamente por voluntarios. Desde su creación en 2002, sus payasos han actuado en más de 35 países en desarrollo y en todo Estados Unidos. La organización ha aportado cientos de miles de dólares a otras organizaciones sin ánimo de lucro de todo el mundo para ayudar a los niños necesitados. Visite www.caringclownsinternational.org.

Jed es licenciado en Sociología/Psicología por la Universidad Estatal de Iowa. Está graduado en varios programas de gestión ejecutiva de las Fuerzas Aéreas y de la industria.

Para contactar con el autor, visite www.thelionwhoflinched.com.